ÉCOLE SOCIÉTAIRE.

COMMUNICATIONS FAMILIÈRES DU DOYEN.

VI.

L'existence de la librairie sociétaire est raffermie. La Société du 15 juin 1840, dissoute en 1860, ayant été liquidée en 1861, les cessionnaires de l'actif ont, à leur tour, rétrocédé le fonds devenu leur propriété. Les acquéreurs de ce fonds sont deux phalanstériens anciens, zélés, munis de moyens financiers qui leur permettent de subvenir largement, s'il le faut, à de nouvelles avances, et ils ont la volonté de se les imposer avec courage. Par eux a été maintenue dans ses fonctions la gérante habile, désintéressée, dévouée, qui, depuis de longues années, veille à la conservation et à la vente des livres de l'Ecole. Un bail assure la jouissance d'un local convenable où se continuera la vente, toujours dans la maison de la rue de Beaune, n° 6.

Paris a des librairies spéciales : pour la politique (Dentu), pour la religion (Vivès), pour les sciences naturelles (Garnier frères), pour la littérature (Hachette, Lévy, Pagnerre, etc., etc.) Pourquoi n'aurions-nous pas aussi la nôtre? C'est à nous qu'il appartient de lever le pavois des sciences sociologiques qui tendent à devenir aussi positives que le sont les sciences physiques et mathématiques.

En études sociologiques, comme en toutes autres, l'investigation se bifurque; elle aborde, elle approfondit tour à tour ou simultanément la *critique* et *l'organique,* l'une devant mener à l'autre, et l'*organique* étant la grande fin que, par-dessus tout, il importe de rendre réelle et effective.

Jusqu'ici les écrivains qui ont su conquérir la vogue se sont préoccupés à peu près exclusivement de la *critique*, branche d'études la plus courue. Parmi les favoris des liseurs, les romanciers figurent donc en première ligne, et voici les premières éditions des *Misérables,* s'écoulant à 25,000 exemplaires en moins de vingt-quatre heures. Certes nul ne l'ignore ou ne le conteste : ce merveilleux triomphe est dû en très-grande partie à la magie du style de Victor Hugo. Son roman n'ajoute pourtant rien à la force, à la gravité, à la véracité, au nombre des expositions qui, publiées par notre Ecole, mettent en plein relief les misères, les déceptions, les contradictions et les injustices inhérentes à l'état social où nous vivons. Il ne démontre pas mieux l'urgence d'en constater les vraies causes et de porter enfin un remède efficace à ces calamités.

S'il dépeint de main de maître les poignantes douleurs du présent et du passé, mieux que ne l'ont fait ses devanciers et ses émules, comme eux, l'illustre poète en voit aussi la source unique dans les faiblesses, les corruptions, les méchancetés, en un mot dans les vices plus ou moins natifs chez l'individu, vices raffinés, fardés dans les classes élevées, vices cyniques et grossiers dans les classes infimes.

Croire ainsi aux vices natifs, ou seulement les supposer, c'est ne savoir ni discerner la nature naturante ou essentielle dont les essors, nécessairement harmoniques, créent toujours le bien, ni la distinguer de la nature naturée ou occasionnelle, aux essors dévoyés d'où surgit incessamment le mal.

Or c'est de l'*organique,* c'est-à-dire du mode conçu, adopté, consacré pour servir de véhicule aux essors individuels, que dépend leur direction normale ou déviée, leur nature viciée ou saine.

Quand, dans les quatre ordres de faits dont se constitue le mouvement social — ordre religieux — ordre politique — ordre civil — ordre industriel et domestique, l'*organique* met et maintient les instincts, les besoins, les goûts, les intérêts en combinaison rationnelle, satisfaisante pour chacun et pour tous, l'harmonie des essors individuels s'établit, se développe, et le bien règne. En l'absence de cette combinaison, les incohérences, les conflits, les crimes se substituent à l'harmonie et caractérisent le règne du mal.

Tel fut le thème de l'Ecole sociétaire dès le jour où elle parut. Il faut qu'elle en ait rendu la justesse évidente, car jamais contre sa proposition ainsi émise, n'a été soulevée, nous ne disons pas une réfutation directe, mais seulement une discussion quelque peu sérieuse. Nous sommes donc en droit de considérer comme admise, ou du moins comme restant incontestée, notre démonstration qu'entre toutes choses la plus pressante est d'instaurer un nouvel ordre industrio-domestique dans lequel tout individu, enfant, femme ou homme, trouve son bien-être rendu stable, le riche par l'emploi le plus avantageux de ses capitaux, le pauvre par l'exercice le plus agréable et le plus utilement productif de son travail. Or seuls avec d'amples commentaires, nous avons établi quels doivent être les éléments, agencements et conditions de cet ordre nouveau. Son établissement dépendait, dépend toujours d'un essai pratique d'association domestique libre, formée entre 1,800 personnes au plus, 600 au moins, essai exigeant une mise de fonds de plusieurs millions de francs, et les fonds, et leur emploi, doivent être réalisés avant la réunion des personnes. Dès lors les tentatives faites jusqu'à ce jour par les phalanstériens ont dû tendre, et ont en effet spécialement tendu à créer des moyens financiers. Déjà ils existent en partie dans les entreprises de l'Union du Sig, de Condé-sur-Vesgres, de Beauregard-Isère, dans les caisses des sociétés de capitalisation de Lyon, de Besançon, etc., etc. Troublée par les bouleversements politiques, la gestation sociétaire aura été laborieuse et lente; elle ne s'est point arrêtée, et quiconque dit ou pense qu'il en est du système de Fourier comme du Saint-Simonisme, de l'Icarisme, qui ont fait leur temps, dont le mouvement est fini, se trompe, péche par ignorance, oubli, envie, ou malveillance gratuite. Nous l'avons démontré en toute occasion, nous ne nous lasserons pas de le démontrer.

De nouvelles publications dans lesquelles la question sociale est plus ou moins directement abordée, foisonnent en Allemagne comme en France. Aux expositions de la *critique* descriptive du mal, les écrivains d'Outre-Rhin accolent des vues se rattachant à l'*organique* génératrice du bien. Neuf mille exemplaires d'un livre où M. Guillaumé-Emmanuel de Ketteler, évêque de Mayence, disserte sur les grands problèmes de notre époque, ont disparu en quelques semaines. Mieux, peut-être, qu'il n'a été fait avant lui, le vénérable prélat explique ce qu'enfin doivent avec justesse signifier les mots progrès, civilisation, liberté, fraternité, égalité, autorité, église. Il écrit :

« Les catholiques et la presse catholique doivent éviter tout ce qui pourrait faire croire qu'il y a dans le passé certaines institutions, certaines formes politiques et sociales qui échappent, selon nous, à toute espèce de perfectionnement ultérieur; que nos efforts tendent à les louer sans réserve, et à les recommander à la génération future comme l'unique moyen de salut. Les vérités chrétiennes ont sans doute pour objet immédiat le progrès moral de l'homme; mais c'est d'elles aussi que dépend le progrès social et politique, et il nous est impossible de prévoir quelle transformation civile et sociale l'esprit du christianisme opérera dans l'humanité, quand il aura tout pénétré de son influence... Il en est des vérités révélées que l'Eglise nous enseigne, comme des axiômes pour les mathématiques, comme des lois de la logique pour les formes de la pensée, comme des grandes maximes de la morale pour les actions humaines. Ces lois, ces règles fondamentales sont toutes immuables en elles-mêmes; mais quelle prodigieuse variété n'offrent-elles pas dans l'application! »

Ainsi le docte évêque ne donne point, il se borne à espérer, à provoquer l'indication des procédés usuels qui auront puissance d'opérer la transformation civile et sociale, d'extirper les misères, les fourberies, l'oppression, de prévenir les conflits, collisions et crimes séculaires qui nous rongent et nous dégradent, et d'y substituer, avec la concorde, tous les biens à la possession desquels aspire l'humanité.

Or ces procédés usuels, aisés, positifs, efficaces pour l'instauration du bien-être général, nous les connaissons, nous les précisons, nous les divulguons. Le moment doit donc approcher où, à son tour, le placement de nos volumes se fera, lui aussi, à dixaines de mille exemplaires.

De même que dans les livres nouveaux à grand débit, nous voyons se manifester dans la presse périodique une tendance, pour ne pas dire un heureux retour, vers les hautes préoccupations qu'exige, comporte et mérite la question sociale.

La doctrine de l'évêque de Mayence est aussi celle du *Monde*. On lit dans ce journal (février 1862) :

« Deux choses sont fort distinctes l'une de l'autre, bien qu'elles soient inséparables : l'Eglise, société spirituelle au sein de laquelle les âmes se sanctifient et se sauvent, et l'Eglise, société temporelle et visible, gouvernée par des hommes et composée de toutes les créatures qui, dans toutes les parties du monde, reconnaissent l'autorité du vicaire de Jésus-Christ. Envisagée sous le premier de ces deux aspects, l'Eglise est immuable comme la vérité qu'elle enseigne. Envisagée sous le second, l'Eglise, au contraire, devra subir la nécessité d'une condition mortelle et d'une vie qui doit finir avec le monde. Elle admettra des accroissements, des diminutions, des transformations. »

Mais, ainsi que l'évêque de Mayence, le *Monde* s'abstient soit de dire en quoi doivent consister les transformations opportunes, soit d'aborder la question urgente, et d'apprécier la solution qu'en donne l'Ecole sociétaire.

Mieux au fait de l'état présent des esprits et des choses, le *Mémorial catholique,* traitant longuement le même sujet, s'est prononcé en bons termes sur Fourier, sur sa théorie, et a exprimé le vœu que celle-ci fut raccordée aux principes et à l'œuvre de l'église romaine.

Les publications religieuses, par des incitations plus ou moins volontaires et explicites, ne concourent pas seules à déterminer l'acheminement vers l'examen, ne prennent pas seules la défense de nos théorèmes que la sottise ou la méprise se sera tant efforcée de travestir.

Une Revue qui a pour devise : « *Libre et harmonique essor des forces,* » formule essentiellement phalanstérienne, l'*Economiste français* (25 avril) n'a pas hésité à redresser les erreurs, à repousser les calomnies d'écrivains en renom qui, naguère, glosant sur les vues de l'inventeur du régime sériaire et lui attribuant faussement d'inqualifiables monstruosités, ont trop laissé voir qu'ils n'avaient pas même lu ses ouvrages. Certes le fondateur-directeur de l'*Economiste français,* M. Jules Duval et ses habiles collaborateurs, entre autres et nôtamment MM. Jules Delbruck, Antony Méray, Eugène Stourm, F. Zurcher, persévéreront à servir la cause de la vérité. C'est désormais pour eux un devoir d'autant plus strict qu'ils ont été mis en position de l'accomplir avec grande facilité, comme le témoigne leur numéro du 25 juin, en tête duquel on lit :

« Avant de se séparer, à Londres, la *National association for the promotion of social science,* et le *congrès international de bienfaisance,* ont institué, par l'adhésion d'un grand nombre de leurs membres, une ASSOCIATION INTERNATIONALE POUR L'AVANCEMENT DE LA SCIENCE SOCIALE. Cette institution nouvelle, inspirée par lord Brougham, comme celle qui, depuis six ans, fonctionne avec tant d'éclat en Angleterre, aura son siége à Bruxelles, adoptera par conséquent la langue française pour ses travaux, et tiendra ses sessions annuelles à tour de rôle dans les principales villes de l'Europe. — Désirant appuyer dans la mesure de son influence un pacifique mouvement d'idées qui répond pleinement à son propre objet, l'*Economiste français* prendra désormais le sous titre de *Journal de la science sociale,* sans renoncer à une propagande spéciale en faveur de la colonisation intérieure et extérieure, qui est, à ses yeux, la meilleure application de la science sociale, et le plus efficace remède à tous les maux des sociétés modernes. — Ajoutons qu'au lendemain même de la clôture du *congrès de bienfaisance* et de la *national association* a paru le premier numéro d'une *Revue* anglaise *de la Science sociale,* destinée à populariser l'esprit de travail et d'étude au dedans, l'esprit de sincère entente au dehors, qui sont les forces harmoniques des temps nouveaux. »

Le premier qui émit les expressions *question sociale, science sociale,* fut, en 1832, à l'occasion des publications de Fourier, Jules Lechevalier qu'une mort prématurée enlevait brusquement, il y a quelques semaines, à la presse militante de Paris et à notre profonde amitié. — « L'un des plus infatigables lut- » teurs dans le champ de bataille des idées, » a déclaré M. Hippolyte Castille, créateur et rédacteur en chef de l'*Esprit public,* « Jules Lechevalier était le plus » assidu collaborateur de ce journal, et à coup-sûr le » plus éminent par le talent, la science, et la hauteur » des vues. » Nous avons donc à regretter avec redoublement d'amertume qu'il n'ait pas été donné à notre ami de poursuivre sa noble et brillante mission déjà trentenaire, en digne émule des tenants de l'*Economiste français*. Mais nous n'avons pas à redouter qu'à la suite de la perte cruelle qu'il déplore, le directeur de l'*Esprit public* nous retire sa bienveillance et cesse de favoriser la diffusion des enseignements sociologiques. Dans son article initial (16 février 1862) M. Hippolyte Castille a en effet précisé ses principes et ses vues en ces termes :

« La vie sociale de l'humanité n'est qu'une série de transformations, depuis la fondation des grands empires de l'antiquité jusqu'à la constitution actuelle des Etats en Europe et en Amérique. — Dans l'ordre social comme dans l'ordre scientifique, on doit considérer tout état antérieur comme un degré que l'esprit a franchi pour s'élever à un degré supérieur. Or le mouvement de transition implique un temps; cette période de gestation sociale, pendant laquelle l'idée nouvelle s'incarne et se développe à l'ombre des institutions établies, embrasse quelquefois des années, quelquefois des siècles; mais si elle ébranle les institutions qui la protègent, elle retarde l'époque de son éclosion. — Selon la philosophie moderne, l'Etat n'est autre chose que l'organisation visible de la raison sociale ; et les institutions ne sont que les appareils du développement collectif. — Les institutions religieuses et les institutions politiques sont à considérer comme étant les instruments de l'éducation du genre humain, instruments perfectibles, par conséquent muables. — Entendent mal le progrès religieux ceux qui aspirent à remplacer le catholicisme, cette grande inspiration des siècles, par leur petite utopie de vicaire savoyard, de culte de la raison, de théophilantropie, de néo-druidisme, etc., etc. — Toutefois la liberté et la conscience publique n'ont pas moins droit à une profonde reconnaissance. Ce sont elles qui, par leurs efforts, par un travail constant, adoucissent les formes primitives et rudimentaires du dogme pour mieux l'adapter aux besoins des sociétés nouvelles. — A nos yeux le christianisme est destiné à préparer la spiritualisation générale de l'humanité et l'établissement progressif des facultés de l'âme. — L'homme d'Etat, placé au point de vue de l'esprit moderne, admet la nécessité d'une transformation religieuse et par conséquent il ne voit rien d'absolument immuable dans les institutions cléricales. — Dieu se manifeste éternellement dans la conscience sous des formes de plus en plus adéquates à son idée; tout progresse donc, même la religion, même l'institution religieuse. — La civilisation n'est que le développement de la pensée qui se dégage en passant par les transformations successives. — L'homme est auto-didacte, il s'instruit lui-même ; les institutions civiles et religieuses sont des instruments de civilisation perfectibles; le progrès s'accomplit par l'emploi alternatif des moyens conservateurs et des moyens révolutionnaires. »

En s'exprimant ainsi, qu'il nous soit permis de nous en féliciter vivement, M. Hippolyte Castille a enrichi nos archives d'une introduction parfaite aux études sociales telles que nous les élaborons depuis longues années. Aussi est-ce sans surprise que, dans l'*Esprit public* du 22 mai, nous avons trouvé les lignes suivantes mises sous les yeux de nos souscripteurs avec le désir et l'espoir qu'ils auront quelque plaisir à les lire :

TRANSACTIONS SOCIALES, par JUST MUIRON.

« Quelle est la destinée de l'homme? Telle est la question que s'est posé l'auteur des *Transactions sociales*.

» L'importance d'un tel sujet doit faire comprendre que nous n'avons pas la prétention d'analyser le livre de M. Muiron en quelques lignes. Toutefois, et comme il nous semble aussi nuisible que déloyal de refuser toute manifestation aux idées d'un penseur, lorsque ses travaux désintéressés ont pour but la recherche des moyens que le Créateur a mis à la disposition de l'homme pour lui permettre d'accomplir ses fins, c'est-à-dire d'assurer son propre bonheur en cette vie et dans l'autre, nous croyons remplir un devoir en appelant la plus sérieuse attention sur un livre dont la lecture nous a nous-même profondément ému.

» La publication des *Transactions sociales* remonte à 1832 ; et nous n'avons sous les yeux que la deuxième édition, qui est de 1860. Cette lacune, de près de trente ans, entre les deux éditions, témoigne, selon nous, du mérite de l'œuvre.

» Où sont-ils donc les hommes d'intelligence et de cœur qui peuvent, après trente années, se présenter devant leurs contemporains avec les mêmes convictions et la même foi qui les animaient jadis? Où sont-ils ses philosophes qui peuvent dire que, malgré la succession des péripéties sociales qui se sont déroulées depuis 1830, leurs doctrines n'ont pas varié ? qu'ils n'ont rien à y retrancher, ni rien à y ajouter, que ce qui séduisit leur imagination du jeune âge a muri depuis avec leur raison et a toujours satisfait les aspirations de leur cœur? — Parmi tant de systèmes qui se sont fait jour pendant cette période trentenaire, quel est celui qui sut résister à la fois aux dédains de l'indifférence, aux investigations de la critique et aux attaques passionnées de l'envie ? Quel est celui que la raison ou la déraison de l'homme n'a pas détruit et emporté pièce à pièce ?

» Eh bien! voici la doctrine de Fourier qui se présente à nous intacte et tout d'un bloc, avec ses formules mathématiques, avec ses prophéties astronomiques en partie réalisées déjà, avec ses aperçus ingénieux, avec ses promesses d'harmonie sociale toujours offertes à qui voudra tenter l'application de la loi *sériaire!* Et l'homme qui remet tout cela sous nos yeux, c'est ce même apôtre qui, le premier, s'inclina devant le maître, il y a quarante ans! Ses convictions d'alors n'ont pas changé; son espoir est toujours vivant; rien ne sut ébranler sa foi.

» Ces deux faits : la constance d'un grand cœur et la survivance d'une doctrine au milieu de tant de ruines ne constituent-ils pas un phénomène vraiment digne d'attention? Oui, sans doute, et c'est pour cela que nous avons voulu savoir ce que M. Muiron, ce vieillard de soixante-quinze ans, croit et respecte encore aujourd'hui, comme il le croyait et le respectait il y a quarante ans, alors qu'il était dans toute la plénitude et dans toute la force de l'âge mur. Voilà pourquoi nous avons voulu sonder les mystères de cette science nouvelle, que Fourier nomma HARMONIE UNIVERSELLE et dont il formula ainsi la loi : LES ATTRACTIONS SONT PROPORTIONNELLES AUX DESTINÉES; LA SÉRIE DISTRIBUE LES HARMONIES.

» Ici, lecteur, nous devrions vous donner quelques détails. Nous le voudrions, du moins, mais, hélas! un journal n'est pas une chaire de philosophie : ses colonnes, si longues qu'elles vous paraissent parfois, ne sont pas sans limites.

» Le livre appelé *Transactions sociales* est divisé en dix chapitres, dont les quatre premiers sont consacrés à nous faire voir comment l'humanité, créée pour la vie sociale, s'est éloignée de sa destinée par la dispersion et l'isolement de ses membres;

» Comment l'association est l'état de nature de l'homme, qui s'amoindrit ou s'élève, à mesure qu'il s'éloigne ou se rapproche davantage de cet état;

» Comment, une fois dévoyée de sa destinée, l'humanité ne pût adopter d'autre religion que celle qui s'appuie sur la rigueur et s'entoure de mystère;

» Comment la confusion qui règne dans les sciences engendra des révolutions interminables, et réduisit les neuf cent quatre-vingt-dix-neuf millièmes de la population du globe à la misère et à l'ignorance, à l'antagonisme et à l'anarchie. Pourquoi tant de belles découvertes dans les arts et dans les sciences tournent au profit de l'arbitraire et de la frande;

» Comment il se fait que, dans le monde civilisé, la Loi, qui est la mise en acte des enseignements de la science et des maximes de la religion, dût rester inévitablement dans les voies de la coërcition.

» L'auteur nous explique, ensuite, comment il est nécessaire à l'homme de rendre positivement définitives la RELIGION, la SCIENCE et la LOI, pour les faire aboutir au bonheur universel, en rétablissant sur la terre le règne de Dieu, dont les attributs les plus généraux sont : LA DIRECTION INTÉGRALE DU MOUVEMENT, — L'ÉCONOMIE DE RESSORTS, — LA JUSTICE DISTRIBUTIVE, — L'UNIVERSALITÉ DE PROVIDENCE — et enfin L'UNITÉ DE SYSTÈME.

» L'auteur nous fait voir ensuite que l'objet de la science vraiment lumineuse doit être de nous enseigner comment se produisent et s'évanouissent les êtres, comment se transforment les sociétés et la nature entière;

» Que la religion, comme l'humanité, comme l'univers, parcourt ses phases, fournit sa carrière en revêtant des formes successives sans cesser d'être elle-même, sans rien perdre de son essence; et que, par conséquent, si elle a dû s'occuper exclusivement du salut individuel, tant que l'homme a vécu dans l'isolement, elle devra, quand les rapports humains se perfectionneront en se multipliant et s'harmoniant, s'occuper de plus en plus du salut collectif. — A Jésus crucifié succédera alors Jésus transfiguré! — Le mystère de la rédemption deviendra le dogme de la religion d'amour, comme le mystère de la croix était le dogme de la religion du sacrifice et de la contrainte; cette religion du Christ n'en sera que plus complètement catholique alors, car elles sera celle de l'humanité tout entière.

» Notre auteur nous montre enfin comment, par sa réintégration dans les voies de sa destinée, l'homme verra le royaume de Dieu, c'est-à-dire l'harmonie universelle s'établir sur la terre comme aux cieux, ainsi que Jésus lui-même a voulu que nous le demandions tous les jours à son Père, en lui adressant l'Oraison Dominicale.

» Ces considérations, dont il faut lire le développement dans le livre de M. Muiron, sont très-certainement dignes de la sérieuse attention de tout homme exempt des funestes préjugés sur lesquels s'appuie l'erreur pour perpétuer la discorde au sein de nos sociétés; en les méditant on est forcé de s'écrier : Il est donc vrai! l'anarchie sociale qui nous dévore doit avoir un terme. Loin d'être un mal nécessaire, un châtiment fatal, éternel, elle n'est que la conséquence de notre désunion et fera place un jour à l'accord parfait de tous les hommes et de tous les intérêts; bannis de l'Eden par le fait même de notre dispersion, l'association nous y fera rentrer. Pour voir cesser l'antagonisme qui nous arme sans cesse les uns contre les autres, nous n'avons qu'à le vouloir. C'est la loi d'amour qui doit être et sera l'unique religion de l'humanité.

» Cette consolante doctrine, qui fait le fond du système de Charles Fourier, se trouve complètement élucidée par les développements que M. Just Muiron a su donner à chacun des chapitres de son livre, écrit du reste avec une telle naïveté de style, que la foi de l'écrivain est évidente pour le lecteur. Combien d'auteurs peuvent-ils en dire autant?

LÉON JEANNIN.

M. Léon Jeannin témoigne par la netteté de son langage combien sa conviction est sincère et forte. Son accession à nos vues est due à Jules Lechevalier qui naguère l'avait engagé à en prendre connaissance. Notre nouvel adhérent les a goûtées; il a eu conscience qu'elles sont dans la vérité, et l'on sent qu'il ne reculera devant aucune considération pour la servir. Puisse son accord avec M. Hippolyte Castille s'agrandissant, valoir à M. Léon Jeannin l'ouverture d'un champ assez large où il lui soit loisible de concourir de tous ses efforts à rendre moins irréparable la perte que déplore le fondateur de l'*Esprit public*. Que de choses excellentes il y aurait à prodiguer dans ce journal à l'adresse des intelligences de tous degrés!

Le *Siècle* a longuement rendu compte des succès remarquables d'une société industrielle qui, fondée en 1852, à Paris, par des ouvriers maçons, avec un très-modeste capital de 364 francs, a, en huit années, réalisé au profit de ses membres, des bénéfices s'élevant à 383,000 francs. Devant ce fait notoire, le *Siècle,* préconisant hautement le principe d'association, l'a qualifié « force toute moderne dont les applications peuvent » être innombrables, — force qui est le point d'appui » que demandait Archimède pour soulever le monde. »

Une profession de foi si nette oblige le *Siècle* à faire bon accueil aux expositions et discussions dont le développement fait ressortir tout ce qu'en effet le principe d'association peut introduire de bien dans le monde. Les ouvriers maçons, utilisant isolément ce principe, en ont restreint l'emploi à une branche de *production,* celle des murs de bâtiments. Il est urgent d'amener les travailleurs de toutes les professions, et en première ligne les agriculteurs, à se prémunir tous, par l'adoption pratique du régime sociétaire, contre les déceptions du salariat et du chomage, et à compléter leur émancipation en adaptant au même régime les deux autres grands rouages du mouvement économique, la *distribution* et la *consommation*.

Le *Temps* (M. Neftzer) et le *Courrier du Dimanche* (M. Ganesco) « admettent un élément socialiste sage, » pratique, réfléchi, qui doit nécessairement entrer » dans le programme de la démocratie libérale. » Ce socialisme n'est point « détourné de l'analyse sévère » des lois de la production, de la consommation, telles » que le génie des Smith, des Ricardo avait commencé de les découvrir ; » il ne jette pas ces lois, « au grand détriment du principe libéral, dans une » adoration aveugle de l'Etat. » La tâche de la génération nouvelle est « d'introduire le libéralisme vrai, » le libéralisme largement et libéralement entendu, » dans le domaine des questions sociales comme dans » celui du monde politique. Plusieurs tentatives pra- » tiques, très-heureuses et d'une portée immense pour » l'avenir, ont été faites de par l'Europe en 1848 et se » poursuivent encore sur plusieurs points du conti- » nent. » — Celle des associations ouvrières est à classer aux premiers rangs. — Ne sont point socialistes sensés ceux qui rattachent les questions qu'ils posent à « des principes mystérieux, en dehors des lois géné- » rales de la production et de la consommation, d'une » part, de la justice et de la morale de l'autre. » — A ces pensées M. Frédéric Morin ajoute : « En fait, l'association ouvrière, comme toute autre association volontaire, bien loin d'être une limite à la volonté individuelle, n'est que la plus haute expression de cette volonté; c'est la toute puissance de la personne humaine faisant jaillir de son libre *fiat* une forme sociale, un organisme collectif. C'est ainsi que les Anglais, les Américains, les Belges, les cantons suisses l'ont toujours comprise; c'est ainsi que nous la comprendrons nous-mêmes, quand nous aurons pratiqué la vie libre pour en sentir tous les secrets, toutes les merveilles, toute l'incomparable fécondité. Et précisément parce que l'*association ouvrière* est une forme de la liberté, elle émancipe une partie de la société sans nuire à qui que ce soit au monde. »

Précisément aussi ces pensées, ces maximes sont celles que l'Ecole sociétaire a constamment professées. Elle enseigne les moyens les plus sûrs d'en généraliser l'application, et fait voir qu'en France, sous l'empire des lois politiques et civiles présentement en vigueur, cette généralisation est aisée tout autant qu'elle peut l'être en Suisse, en Belgique, en Amérique, en Angleterre. Il suffit de s'instruire et de vouloir.

L'*Opinion nationale* partage sur les idées sociales les sentiments dont s'inspirent le *Courrier du dimanche,* le *Temps*, le *Siècle*, l'*Economiste français*, l'*Esprit public*. — « Nous avons l'audace de placer l'âge d'or en avant, » dit l'*Opinion nationale* « tandis que nos adversaires le relèguent pieusement dans le passé. » Voilà une déclaration péremptoire. Reste au hardi journal à donner lui-même ou à permettre de donner dans ses colonnes, une définition pertinente de l'âge d'or, avec exposé raisonné de ses éléments, de ses conditions, de ses voies. Le temps est venu enfin de moins s'effrayer de l'esprit inerte du public tel que l'a façonné la secousse des années 1848 à 1852, de moins craindre, soit de heurter des préjugés, soit d'encourir le risque de mécontenter un moment l'honnête clientelle dont dépend le lucre du journal. « *Il n'est point de serpent ni de monstre odieux*, etc., etc. *Tout consiste dans la manière*, etc., etc. » Toujours en effet la bonne volonté parvient à présenter avec mesure, avec habileté, sous une forme acceptable, même par les gens les plus imbus de prévention, ce qui est réellement lumineux et vrai. Autant il est juste et opportun de faire ressortir combien les *Secreta monita societatis Jesu* s'écartent des principes de droiture, de loyauté, d'équité, de dignité, de charité, qui sont l'essence de la saine morale, de la morale excellemment chrétienne, autant il serait important et pressant de montrer que les règles de conduite recommandées, imposées aux jésuites et pratiquées par eux, sont très-littéralement celles que doit suivre, que suit, sans trop de souci, assez souvent sans se sentir le moindre scrupule, quiconque veut faire, sait faire et fait son chemin en sage, selon le sens commun, c'est-à-dire, quiconque aspire à la fortune, la saisit, la maintient pour soi et les siens, dans toute société non basée sur la solidarité, sur la combinaison harmonique des intérêts, travaux, goûts, instincts et penchants individuels. A la suite des arguments expliquant ainsi le passé et le présent, viendraient les vœux et les indications pour le futur.

Un fait récent ajoute aux preuves de la possibilité,

disons de la facilité de déjouer la prévention encline à rejeter le journal, à ne point ouvrir le livre, sitôt qu'elle y a entrevu le nom de Fourier, de son école, de l'un de ses disciples.

En faisant naguère paraître *Destinée de l'homme dans les deux mondes*, M. Hippolyte Renaud, qui s'est simplement qualifié ancien élève de l'Ecole polytechnique, a eu soin que son nouvel ouvrage ne portât point ses vraies couleurs, ne rappelât point l'auteur de *Solidarité*, ne mentionnât aucun nom propre, aucune chose appartenant à l'opinion phalanstérienne. Grâce à ce très-innocent stratagème, des personnes qui jamais n'auraient essayé de lire un volume marqué de l'estampille de notre Ecole, ont fait à l'ouvrage le meilleur accueil, et ont vivement complimenté le divulgateur d'avoir inventé la merveilleuse immortalité bi-composée, invention devant laquelle pâlissent, entre autres, les notions métaphysiques, posées ou renouvelées par MM. Auguste Comte, Prosper Enfantin, Pierre Leroux, Auguste Mendez, Jean Reynaud. — M. H. Renaud, et aussi M. le docteur Jaenger, dans son *Etude sur la seconde vie*, qui traite de la même question et figure dans la même brochure, et encore M. le docteur Barrier, président de l'académie de Lyon, professeur à l'Ecole de médecine, dans ses *Considérations sur la question du* VITALISME *et de* l'ANIMISME, n'ont pourtant fait que présenter à leur manière, que développer, confirmer par des remarques accessoires, sans y rien ajouter ou retrancher au fond, l'une des belles et nombreuses découvertes dues au génie de Charles Fourier. Certes nos amis sont heureux de leur succès; mais pour eux le déplaisir doit n'être pas mince de se voir ainsi couvrir de brillantes plumes du maître. Entretemps nous sommes témoins du réveil de la foi et de l'espérance chez nos condisciples, de l'éveil et de l'entraînement chez les indifférents et les gloseurs, qu'opère la lecture de *Destinée de l'homme dans les deux mondes*. Les données si claires, si positives qui abondent dans ce livre plaisent, attirent et convainquent. Encore un peu de temps, et la lumière se fera, et le jour sera venu où, à leur tour, les publications sociétaires sur l'*organique* seront recherchées, enlevées avec autant d'empressement que l'auront été, avant-elles, les romans, dissertations et sermons tout saturés des charmes de la *critique*.

La chance est donc probable, sinon acquise à la librairie sociétaire, d'un retour plus ou moins prochain à la prospérité dont elle a joui de 1841 à 1849.

Que l'existence à Londres et à Bruxelles des hautes *Associations internationales pour l'avancement de la science sociale;* que le succès acquis, à Paris, au *Journal de la science sociale,* nous soient un heureux encouragement, renforcent nos espérances et entraînent un redoublement de nos fructueux efforts!

Nous avons aujourd'hui à préparer, dans leurs meilleures conditions, les tentatives à faire près des institutions anglaise et belge, près des associations ouvrières, pour les édifier sur le fondement, sur la persistance de notre foi à la vérité sociétaire, pour les décider à soutenir nos labeurs tendant à faire passer cette vérité de parole en acte. Entre les documents à produire à l'appui de nos tentatives, se classent en premier ordre :

1° Le *Projet d'Institut vocationnel,* précisant sur le papier les détails et l'ensemble de ce qui est à édifier sur le terrain pour un essai sociétaire, de la même façon, avec les mêmes errements mis chaque jour en pratique dans les exploitations industrielles de natures diverses, projet formulé en termes tels qu'il soit acceptable par nos contradicteurs comme par les partisans de nos principes;

2° Le *Bulletin sociologique,* (pour ne pas dire *phalanstérien,* tant que ce dernier mot attendra sa réhabilitation.)

Ici, pour les raisons dites ci-après, le doyen est forcé d'annoncer que toute édition de *Projet d'Institut* et de *Bulletin* restera en suspens, tant qu'au taux de fr. 3

pour un exemplaire du premier, de fr. 4 pour 12 numéros mensuels du second, des souscriptions en nombre suffisant pour couvrir les frais d'impression et d'envoi, n'auront pas été effectuées en espèces à la caisse de la *Société bisontine de capitalisation*. Si, dans trois mois, la somme nécessaire pour l'une ou pour l'autre publication restait incomplète, l'affaire n'aurait pas de suite, et les versements seraient restitués aux souscripteurs.

L'exigence ainsi dite avec regret, est commandée par la nécessité d'éviter que se renouvellent les inconvénients et désagréments de notes semblables à la suivante :

L'acquittement du montant des souscriptions aux 6 numéros des *Communications familières,* (prix 2 fr. ensemble, timbre et port compris) est pour plus des deux cinquièmes en retard. Il en est de même touchant le volume des *Transactions sociales.*

Cependant le doyen ne parvient pas à surmonter sa répugnance d'émettre, pour le recouvrement de ces arriérés, des traites dont le coût s'élèverait du 12 au 50 p. 100 de leur montant. Il renouvelle donc ses instances pour obtenir des retardataires le prompt envoi des petites sommes à payer selon les indications du n° II p. 15 des *Communications familières,* savoir :

Par exemplaire des 6 numéros fr. 2. — Les mêmes et 1 exemplaire du volume fr. 8. — Les 6 numéros et 2 exemplaires du volume fr. 11.

Si en définitive l'émission des traites devient inévitable leur chiffre sera de fr. 3, 9 ou 12 au lieu de fr. 2, 8 ou 11.

A coup sûr l'empressement avec lequel seront réglées les souscriptions au *Projet d'Institut* et au *Bulletin,* déterminera la célérité de l'impression du livre et assurera le service de la feuille périodique, toutes les dispositions nécessaires étant faites pour que ce double but soit ponctuellement atteint.

J. MUIRON.

Besançon, le 10 août 1862.

BESANÇON, IMPRIMERIE DE J. BONVALOT.

www.ingramcontent.com/pod-product-compliance
Lightning Source LLC
LaVergne TN
LVHW010329230826
846091LV00009B/3788

9782019218263